essentials

Springer Essentials sind innovative Bücher, die das Wissen von Springer DE in kompaktester Form anhand kleiner, komprimierter Wissensbausteine zur Darstellung bringen. Damit sind sie besonders für die Nutzung auf modernen Tablet-PCs und eBook-Readern geeignet. In der Reihe erscheinen sowohl Originalarbeiten wie auch aktualisierte und hinsichtlich der Textmenge genauestens konzentrierte Bearbeitungen von Texten, die in maßgeblichen, allerdings auch wesentlich umfangreicheren Werken des Springer Verlags an anderer Stelle erscheinen. Die Leser bekommen „self-contained knowledge" in destillierter Form: Die Essenz dessen, worauf es als „State-of-the-Art" in der Praxis und/oder aktueller Fachdiskussion ankommt.

Anne Seifert · Franziska Nagy

Demokratische Bildung im Unterricht

Schulische Engagement-Projekte und
ihr Beitrag zu Demokratiekompetenz

Dr. Anne Seifert
Goethe-Universität Frankfurt
Deutschland

Franziska Nagy
Freudenberg Stiftung
Berlin, Deutschland

ISSN 2197-6708
ISBN 978-3-658-05233-1
DOI 10.1007/978-3-658-05234-8

ISSN 2197-6716 (electronic)
ISBN 978-3-658-05234-8 (eBook)

Die Deutsche Nationalbibliothek verzeichnet diese Publikation in der Deutschen Nationalbibliografie; detaillierte bibliografische Daten sind im Internet über http://dnb.d-nb.de abrufbar.

Springer VS
© Springer Fachmedien Wiesbaden 2014
Das Werk einschließlich aller seiner Teile ist urheberrechtlich geschützt. Jede Verwertung, die nicht ausdrücklich vom Urheberrechtsgesetz zugelassen ist, bedarf der vorherigen Zustimmung des Verlags. Das gilt insbesondere für Vervielfältigungen, Bearbeitungen, Übersetzungen, Mikroverfilmungen und die Einspeicherung und Verarbeitung in elektronischen Systemen.

Die Wiedergabe von Gebrauchsnamen, Handelsnamen, Warenbezeichnungen usw. in diesem Werk berechtigt auch ohne besondere Kennzeichnung nicht zu der Annahme, dass solche Namen im Sinne der Warenzeichen- und Markenschutz-Gesetzgebung als frei zu betrachten wären und daher von jedermann benutzt werden dürften.

Gedruckt auf säurefreiem und chlorfrei gebleichtem Papier

Springer VS ist eine Marke von Springer DE. Springer DE ist Teil der Fachverlagsgruppe Springer Science+Business Media
www.springer-vs.de

Vorwort

„Die verstimmte Demokratie" – so lautet der Titel des von Stephan Braun und Alexander Geisler herausgegebenen Bandes (erschienen 2012 bei Springer VS), in dem der vorliegende Artikel in leicht veränderter Form erstmals erschienen ist. Die Beiträge in diesem Band beschäftigen sich mit grundlegenden Fragen, die für die Gestaltung unserer Gesellschaft entscheidend sind: Wie steht es um das Vertrauen der Bürger/innen in die Demokratie? Ist es an der Zeit, neue Formen der politischen Entscheidungsfindung zu etablieren? Wie kann sich eine moderne Volksherrschaft gestalten? Unser Beitrag reiht sich in diese Fragen ein und nimmt dabei insbesondere die junge Generation in den Blick: Wie können bereits Kinder und Jugendliche an demokratische Verantwortungsübernahme herangeführt werden? Am Beispiel von Service-Learning fragen wir, ob und wie sich Demokratiekompetenz bereits in jungen Jahren erlernen lässt.

Frankfurt am Main und Berlin
im Dezember 2013

Anne Seifert
Franziska Nagy

Inhaltsverzeichnis

1 Demokratische Bildung – Demokratiekompetenz? 1
2 Das Beispiel Service-Learning – Lernen durch Engagement 3
3 Wirkungen von Service-Learning – Lernen durch Engagement 5
4 Demokratiekompetenz erwerben: Worauf kommt es an? 7
5 Qualitätsstandards für Engagement-Projekte 11
   5.1 Die Schüler/innen treffen selbst Entscheidungen:
       Sie werden in jeder Phase des Projekts an der
       Planung, Ausgestaltung und Durchführung beteiligt 11
   5.2 Die Schüler/innen bewirken eine Veränderung:
       Die Projekte mit „Lernen durch Engagement"
       reagieren auf einen echten Bedarf, das Engagement
       ist sinn- und bedeutungsvoll 12
   5.3 Die Schüler/innen erwerben die für das Engagement
       nötige Fach- und Sozialkompetenz: Lernen durch
       Engagement ist Teil des Unterrichts und wird bewusst
       mit Unterrichtsinhalten verknüpft 12
   5.4 Die Schüler/innen denken über ihre Erfahrungen,
       Einstellungen und über demokratische Werte nach:
       Es findet eine regelmäßige und geplante Reflexion
       der Erfahrungen der Schüler/innen aus ihrem
       Engagement statt 13
   5.5 Die Schüler/innen bauen Brücken in ihr Umfeld:
       Das praktische Engagement der Schüler/innen
       findet außerhalb der Schule statt, die Schüler/innen
       arbeiten mit einem Engagementpartner zusammen 14
   5.6 Die Schüler/innen erhalten Anerkennung: Das Engagement der
       Schüler/innen wird gewürdigt 15

6	Fazit: Schule als Ort des Demokratie-Lernens, Schüler/innen als Gestalter von Demokratie...	17
Literatur		19

Demokratische Bildung – Demokratiekompetenz? 1

Eine Demokratie zu gestalten, mit Leben zu füllen und zu erhalten ist eine anspruchsvolle Aufgabe. Auch und gerade von den Bürger/innen wird dabei viel verlangt: Die Sicherung der Qualität eines demokratischen politischen Systems mit seinen Errungenschaften wie freien Wahlen, Gewaltenteilung und Anerkennung und Wahrung der Menschen- und Bürgerrechte setzt einen rational handelnden und räsonierenden Bürger voraus. Robert Dahl hat dafür den Begriff des „enlightened understanding" geprägt. Er meint damit einen Bürger, der sich informiert und interessiert und seine Entscheidungen auf der Grundlage eines Vergleichs der ihm zur Verfügung stehenden Informationen trifft (Dahl 1998, S. 37). Dieses Verständnis setzt voraus, dass die Bürger/innen die Möglichkeit und die Kompetenz besitzen müssen, sich über die bestehenden Alternativen der Politik zu informieren und am öffentlichen Diskurs teilzunehmen (Kaase 1998, S. 27).

Begreift man Demokratie mit Dewey als mehr denn eine Herrschafts- und Regierungsform, gewinnen weitere demokratierelevante Kompetenzen eine Bedeutung. Der amerikanische Philosoph und Pädagoge beschreibt die Demokratie als eine Form des Zusammenlebens, der gemeinsam und miteinander geteilten Erfahrungen. Er hat damit den Begriff der „Demokratie als Lebensform" geprägt (Dewey 1916). Zentral in dieser Betrachtungsweise ist der einzelne Mensch, der durch sein demokratisches (Alltags-)Handeln die Gesellschaft mitgestaltet. Zentral ist darin auch der Begriff der Erfahrung, der deutlich macht, dass Demokratie im Zusammenleben spürbar, sichtbar und erfahrbar werden muss. „Demokratie bezeichnet eine historische Errungenschaft, deren Erhalt und Entwicklung – als Lebensform, als Gesellschaftsform und als Regierungsform – sich nicht von selbst ergibt, sondern von dem Wissen, den Überzeugungen und der Bildung aller abhängt." (Edelstein und Fauser 2001). Es sind dieser Vorstellung nach die Bürger/innen selbst, die demokratisch handeln und das demokratische Zusammenleben in der Gesellschaft gestalten.

Wenn wir Demokratie in diesem Sinne also nicht nur als Systembegriff verstehen (als Herrschafts- und Regierungsform), sondern auch als Handlungs- und Verhaltensbegriff (Demokratie als Lebensform), werden die Anforderungen an demokratierelevante Kompetenzen umfassender. Himmelmann beschreibt Demokratiekompetenz in diesem Zusammenhang als ein komplexes Zusammenspiel aus Einstellungen, Fähigkeiten und Fertigkeiten. Dazu gehören kritische Entscheidungsfindung und selbständiges Denken und Handeln ebenso wie Toleranz (auch Frustrationstoleranz), Empathie und Solidarität, Verantwortungsübernahme und Gemeinsinn oder Kompromissfähigkeit. Dabei betont er, dass Demokratiekompetenz keine angeborene Tugend ist, sondern ein Verhalten, das erlernt und angewendet werden muss (Himmelmann 2005).

Wie kann eine solch umfassende demokratische Handlungskompetenz „erlernt" werden? Wie kann bereits bei Kindern und Jugendlichen das Interesse an der demokratischen Mitgestaltung der Gemeinschaft geweckt werden? Wie können möglichst alle Kinder und Jugendlichen die Chance erhalten, sich mit demokratischen Einstellungen auseinander zu setzen und demokratierelevante Fertigkeiten und Fähigkeiten zu erwerben?

Am Beispiel der Lehr- und Lernform Service-Learning – *Lernen durch Engagement* wird im Folgenden diesen Fragen nachgegangen.

Das Beispiel Service-Learning – Lernen durch Engagement 2

Lernen durch Engagement (engl. Service-Learning, Abk. LdE) ist eine Lehr- und Lernform, die Schüler/innen an die Übernahme gesellschaftlicher Verantwortung heranführt. Kinder und Jugendliche sollen lernen, gesellschaftliche Herausforderungen in ihrem Umfeld zu erkennen, Lösungsvorschläge zu diskutieren und ihre Lösungsideen in Form von Projekten umzusetzen. Darauf werden sie im Schulunterricht vorbereitet. Das fachspezifische Wissen des Unterrichts hilft ihnen dabei, die identifizierten Probleme zu analysieren und passende Handlungsstrategien zu entwickeln. Diese Form des problemorientierten Lernens ist möglich in allen Altersstufen und Schulformen.

Einige Beispiele (aus Seifert et al. 2012):

- Grundschulkinder üben in der Klasse das betonte Vorlesen und veranstalten Märchen-Vorlesetage in der öffentlichen Bücherei – denn Veranstaltungen für Kleinkinder sind in der Stadt weitgehend dem Rotstift zum Opfer gefallen.
- Achtklässler/innen beschäftigen sich in Biologie mit Ökosystemen und legen einen Naturlehrpfad mit Infotafeln zum lokalen Ökosystem an – denn ein brach liegendes Wiesenstück drohte zur Müllkippe zu verkommen.
- Ein Leistungskurs Musik beschäftigt sich mit „Musiktherapie" und musiziert regelmäßig mit den behinderten Menschen eines Wohnheims – denn die wenigsten Behinderten haben Kontakt zu Nichtbehinderten außerhalb des Wohnheims.[1]

Bei Service-Learning wird gesellschaftliches Engagement von Kindern und Jugendlichen also fest im Schulalltag verankert und mit dem Unterricht verbunden.

---

[1] Für einen Überblick über Praxisbeispiele für verschiedene Fächer, Altersstufen und Schulformen siehe Seifert et al. 2012, sowie das Internetportal www.lernen-durch-engagement.de [Stand 22.11.2013].

Die Erfahrungen, die Schüler/innen beim „Engagement für Andere" machen, werden im Unterricht aufgegriffen, reflektiert und mit Unterrichtsinhalten verknüpft. Dabei können sie ihr praktisch erworbenes Wissen und ihre Erfahrungen in den Unterricht einfließen lassen. Unterricht wird so praxisnah und handlungsorientiert. Und: Die Jugendlichen lernen, dass es sich lohnt, sich für die Gemeinschaft einzusetzen (Seifert und Zentner 2010).

Wirkungen von Service-Learning – Lernen durch Engagement 3

Zahlreiche Studien belegen den Zusammenhang zwischen einer Teilnahme an *Lernen durch Engagement* und dem Erwerb demokratischer Kompetenzen:

- Die Teilnahme an *Lernen durch Engagement* stärkt nachweislich die soziale Kompetenz, das Selbstwertgefühl, die Kommunikationsfähigkeit und die Selbstwirksamkeit der Schüler/innen (Furco 2002; Melchior und Bailis 2002).
- Die moralische Entwicklung und das soziale Verantwortungsbewusstsein der Schüler/innen werden gestärkt (Furco 2002; Billig et al. 2005). Teilnehmende an Service-Learning zeigen ein steigendes Interesse an sozialen Fragen (Yates und Youniss 1996; Metz et al. 2003). Auch die Überzeugung, durch eigenes Handeln zu wichtigen gesellschaftlichen Veränderungen beitragen zu können, nimmt zu (Morgan und Streb 2001; Melchior und Bailis 2002).
- Weitere Studien konnten zeigen, dass die aktive gesellschaftspolitische Partizipation von Schüler/innen, die an LdE-Projekten teilgenommen haben, auch auf lange Sicht höher ist als die der Kontrollgruppe (Metz et al. 2003; Melchior und Bailis 2002).
- Auch identifizieren sich LdE-Schüler/innen stärker mit ihrer Gemeinde, bewerten die eigene Beteiligung an politischen Entscheidungsprozessen als wichtiger und lernen, Situationen aus verschiedenen Perspektiven zu sehen. Service-Learning fördert auch die Herausbildung einer politischen Identität (Yates und Youniss 1996).
- Das Wissen über Regierung, Staat und Zivilgesellschaft und um gesellschaftliche Erfordernisse und Bedarfe nimmt durch gut geplante Service-Learning-Projekte zu (Billig 2007; Morgan und Streb 2001).

Gleichzeitig zeigen die Wirkungsstudien auch, dass die positiven Effekte abhängig sind von der Umsetzungsqualität der Service-Learning Vorhaben (RMC Research Corporation 2007). Nicht jedes *Lernen durch Engagement*-Projekt führt also zu einer Steigerung von Demokratiekompetenz. Was bedeutet aber „Qualität der Umsetzung"? Worauf kommt es an?

4 Demokratiekompetenz erwerben: Worauf kommt es an?

Zwei Praxisbeispiele sollen zeigen, worauf ankommt, wenn Engagement-Projekte von Kindern und Jugendlichen darauf abzielen, deren Demokratiekompetenz zu fördern. Ganz bewusst beginnen wir mit einem Negativ-Beispiel, um zu zeigen, dass ein Engagement per se noch nicht unbedingt zu einem Mehr an Demokratiekompetenz und -motivation führen muss. Und ganz bewusst haben wir Beispiele aus dem sozialen Bereich gewählt, da diese Form sich zu engagieren besonders häufig gewählt wird.[1] Die Beispiele werden im Anschluss im Lichte der Service-Learning Qualitätsstandards analysiert. Daraus lassen sich Rückschlüsse auch für andere Maßnahmen zur Förderung von Engagement und gesellschaftlicher Teilhabe von Kindern und Jugendlichen ziehen.

Fallbeispiel 1: Soziales Engagement

Seit drei Wochen geht Schülerin Lena nun schon in das Altenheim, um sich zu engagieren. Sie sieht, dass Hilfe dort gebraucht wird: Die Pfleger/innen haben oft nicht genug Zeit, um sich mit allen alten Menschen ausführlich zu unterhalten. Manchmal geht Lena deshalb auf einen der Heimbewohner zu und es entwickelt sich ein nettes Gespräch. Das klappt aber auch nicht immer. Oft fühlt sich Lena einfach überflüssig. Sie steht dann herum und hat das Gefühl, das sowieso schon beschäftigte Personal eher zu behindern als ihm zu helfen. Meistens ist sie auch sehr unsicher, wie sie mit den Senioren umgehen soll und ob das überhaupt gewünscht ist. So richtig weiß Lena am Ende der Engagementzeit nicht, wozu das alles gut gewesen sein soll. Sie hat sich oft gelangweilt.

---

[1] Grundsätzlich lässt sich jede Form von Engagement mit Service-Learning vereinen: politisches, ökologisches, kulturelles ebenso wie soziales Engagement.

Natürlich hätte das Engagement von Lena (Fallbeispiel 1) auch anders verlaufen können. Doch in der Praxis ist ein solcher Fall nicht unüblich. Gerade junge Menschen sind oft hoch motiviert, etwas „Gutes" zu tun und sind dann enttäuscht, wenn sie beispielsweise durch ihr Engagement die Abläufe am Engagement-Ort stören oder ihr Einsatz wenig wertgeschätzt wird. Dadurch, dass Service-Learning Teil des regulären Schulunterrichts ist, werden die Schüler/innen gezielt auf ihr Engagement vorbereitet, ihre Erfahrungen und möglichen Frustrationserlebnisse werden reflektiert und die Kooperation mit dem Engagement-Partner besprochen. Es besteht durch Service-Learning also die Möglichkeit, das Engagement der Schüler/innen pädagogisch eng zu begleiten und für ein handlungsorientiertes Lernen zu nutzen (Fallbeispiel 2).

Fallbeispiel 2: Soziales Engagement mit Service-Learning

Ein Wahlpflichtkurs zum Thema „Soziale Gerechtigkeit" wird mit der Lehr- und Lernform *Lernen durch Engagement* (Service-Learning) unterrichtet. Zu Beginn des Schuljahres werden die Schüler/innen des Kurses zu „Gemeinde-Detektiven": Sie erkunden das Umfeld ihrer Schule, finden heraus, welche Einrichtungen und Institutionen es in ihrer Gemeinde gibt, machen Fotos von Dingen, die ihnen gefallen und die ihnen weniger gefallen. Außerdem bereiten die Schüler/innen im Unterricht Interviews vor, die sie mit Vertreter/innen der Gemeinde führen. Zurück im Unterricht werten sie ihre Eindrücke aus. Sie beschäftigen sich mit Fragen wie: Was bedeutet soziale Gerechtigkeit? Und: Inwiefern trägt unser Sozialstaat dazu bei? Wo scheint es in unserem näheren Umfeld „Gerechtigkeits-Lücken" zu geben?

Gemeinsam überlegen sie dann, wofür sie sich engagieren möchten. In der Diskussion geht es heiß her, nicht jede Schülerin und jeder Schüler kann sich mit ihrem oder seinem Vorschlag durchsetzen. Nach einer Abstimmung hat die Mehrheit sich entschieden, den nahe gelegenen Seniorenstift zu unterstützen. Die Leiterin des Stifts hat im Interview erzählt, dass die Bewohner/innen sich mehr kulturelle Angebote wünschen und auch mehr Kontakt zu jungen Menschen. Der erste Besuch im Altenheim wird im Unterricht gemeinsam vorbereitet und reflektiert. Die Schüler/innen fragen sich zum einen: Warum gibt es Altenheime? Was wissen wir über die demographische Entwicklung und über Altersarmut in Deutschland? Zum anderen stellen sie Hypothesen zum Alltag der alten Menschen im Heim auf: Womit beschäftigen sie sich wohl, und was mögen sie? In einem dritten Schritt machen sich die Schüler/innen Gedanken zu ihrem Engagement: Was haben wir für Fähigkeiten, mit denen wir ihnen helfen oder eine Freude machen können?

Die Schüler/innen erstellen nach dieser Selbstreflexion einen „Angebotskatalog" für die Senior/innen. Bei einem folgenden Besuch im Seniorenstift befragen sie die Bewohner/innen zu ihren Ideen. Die meisten von ihnen interessieren sich für einen Computer-Kurs, einen Handy-Kurs und Musik- und Spielenachmittage. In Zusammenarbeit mit den Fächern Informatik und Musik wird das Engagement im Unterricht vorbereitet. Über acht Wochen hinweg besuchen die Schüler/innen die alten Menschen dann an je einem Nachmittag in der Woche. In dieser Zeit sind Beziehungen entstanden, die Schüler/innen haben positives Feedback für ihr Engagement bekommen, und sie konnten zeigen, was in ihnen steckt. In der Reflexion im Unterricht stellen sie fest, dass sich vieles von dem, was sie sich vorher über die alten Menschen gedacht hatten, als ganz anders herausgestellt hat. Auch gibt die Lehrerin den Schüler/innen die Möglichkeit, über einige der Themen, die sie zu Beginn der Unterrichtseinheit theoretisch besprochen haben (demographische Entwicklung, Altersarmut), im Lichte der Erfahrungen und Gespräche im Seniorenstift erneut zu reflektieren.

Durch die Anbindung an den Unterricht, die intensive Vorbereitung auf das Engagement als Teil des Lernprozesses und die pädagogische Begleitung durch die Lehrkräfte werden die jungen Menschen in obigem Beispiel auf die Herausforderung gesellschaftlicher Teilhabe vorbereitet. Das Fallbeispiel 2 zeigt, welches Potenzial darin liegen kann: Die Schüler/innen lernen nicht nur ihre Gemeinde und ihr direktes Lebensumfeld besser kennen, sie lernen auch die Menschen kennen, die dort leben. Sie erproben ihre Sozialkompetenz und erhalten durch ihr Engagement die Gelegenheit, ihre Wertvorstellungen zu reflektieren und mit Menschen in Kontakt zu kommen, denen sie sonst im Alltag nicht begegnen würden. Sie erwerben, trainieren und vertiefen damit nach Himmelmann Demokratiekompetenz.

Qualitätsstandards für Engagement-Projekte 5

Am Beispiel von Service-Learning werden nun einige Leitlinien für die Planung und Begleitung von Engagement-Projekten vorgestellt. Die vorgestellten „Qualitätsstandards" wurden aus der Begleitforschung zu Service-Learning heraus entwickelt und in aktuellen Forschungsprojekten erneut empirisch überprüft (vgl. RMC Research Corporation 2007; Seifert 2011; Zentner in Vorbereitung).

Wir werden die Leitlinien im Folgenden mit demokratiepädagogischem Blickwinkel und bezogen auf die obigen Fallbeispiele vorstellen.

5.1 Die Schüler/innen treffen selbst Entscheidungen: Sie werden in jeder Phase des Projekts an der Planung, Ausgestaltung und Durchführung beteiligt

Die Schüler/innen haben eine aktive Rolle in jeder Phase der Projektplanung und -durchführung. Im obigen Fallbeispiel 2 wählen sie den Engagement-Partner selber aus, recherchieren, welche Bedürfnisse die alten Menschen haben, überlegen sich, was sie selbst gut können und entwickeln daraufhin kleine Engagement-Projekte, wie z. B. einen Computer Kurs. Die Schüler/innen erleben demokratische Partizipation also nicht nur durch das Engagement selbst, sondern auch über die Beteiligung am Prozess und das Nachdenken über ihre eigene Rolle dabei. Haben sie im gesamten Lernprozess eine Stimme, die gehört wird, können sie sich mit ihrem Projekt identifizieren, ihr Selbstkonzept verbessern und durch ihr eigenes Handeln demokratische Kompetenzen trainieren (vgl. Billig 2007).

5.2 Die Schüler/innen bewirken eine Veränderung: Die Projekte mit „Lernen durch Engagement" reagieren auf einen echten Bedarf, das Engagement ist sinn- und bedeutungsvoll

Es geht beim Service-Learning darum, dass Kinder und Jugendliche lernen, Verantwortung zu übernehmen. Sie sollen sensibilisiert werden für Herausforderungen in einer demokratischen Gesellschaft und über entsprechende Handlungsansätze nachdenken. Im obigen Beispiel beschäftigen sich die Schüler/innen z. B. mit dem Thema „Alte Menschen in unserer Gesellschaft". Sie diskutieren über den demographischen Wandel und die Aufgaben des Sozialstaats und finden heraus, dass die Kürzung von Sozialleistungen sich auch auf die Betreuungssituation in dem besuchten Seniorenstift auswirkt. Es gibt einen Bedarf nach Freizeitangeboten für Senior/innen, auf den sie mit ihren Ideen reagieren möchten.

Ist das Engagement dahingegen nicht gut vorbereitet bzw. trifft es nicht auf einen tatsächlichen Bedarf, der vorab recherchiert wurde, kann die Motivation, Gutes zu tun, schnell zum Frusterlebnis werden (vgl. Fallbeispiel 1). Wichtig ist also, dass die Schüler/innen spüren, dass sie mit ihrem Wissen und ihrem Können wirklich gebraucht werden. So können sie zudem lernen, sich mit ihren individuellen Fähigkeiten in ihrem Umfeld einzubringen und machen die Erfahrung, dass ihr eigenes Handeln zu Veränderungen beitragen kann.

5.3 Die Schüler/innen erwerben die für das Engagement nötige Fach- und Sozialkompetenz: Lernen durch Engagement ist Teil des Unterrichts und wird bewusst mit Unterrichtsinhalten verknüpft

Ein Kernziel von Service-Learning ist, dass Schüler/innen die praktische Anwendbarkeit von schulischem Wissen erfahren und dass sie umgekehrt mit ihren eigenen Engagement-Erfahrungen den Unterricht bereichern können. Dadurch wird in der Schule gelerntes Wissen (z. B. zum demographischen Wandel oder zu Funktionen des Sozialstaats) in einen Kontext gesetzt, Transfer- und Problemlösungsfähigkeit werden trainiert. Gut geplante *Lernen durch Engagement*-Projekte stellen also eine Balance zwischen einem Engagement für die Gemeinschaft und kognitivem Lernen her. Die Entwicklung von persönlichen Fähigkeiten und demokratischen Kompetenzen werden mit der akademischen und kognitiven Weiterentwicklung verbunden. Beides ist für das Ziel von Bildungseinrichtungen, junge Menschen zu sozialer Verantwortlichkeit, zu demokratisch handelnden und aktiven Bürgern zu erziehen, wichtig.

Hinzu kommt, dass durch die curriculare Anbindung prinzipiell alle Schüler/innen erreicht werden – und nicht nur jene, die aufgrund ihrer Sozialisation bereits für freiwilliges Engagement sensibilisiert sind (s. u.). Da Service-Learning eine Lehr- und Lernform in allen Unterrichtsfächern sein kann, findet Demokratie-Lernen zudem auch über den Politikunterricht hinaus statt. Demokratische Erfahrungen können zum Bestandteil einer umfassenden Schulkultur werden.

5.4 Die Schüler/innen denken über ihre Erfahrungen, Einstellungen und über demokratische Werte nach: Es findet eine regelmäßige und geplante Reflexion der Erfahrungen der Schüler/innen aus ihrem Engagement statt

Dieser Aspekt ist zentral für die Entwicklung von Demokratiekompetenz durch Service-Learning. Denn mehr Verstehen entsteht nicht automatisch durch mehr Wissen oder mehr Erfahrung. Verstehen beinhaltet die Fähigkeit, Wissen und Erfahrungen zu interpretieren. Genau dies wird durch die Reflexion im Service-Learning geübt. Für das Demokratie-Lernen sind bei *Lernen durch Engagement* insbesondere zwei Ebenen in der Reflexion von Bedeutung:

- *Reflexion über den größeren Zusammenhang:* Was hat mein Engagement mit Demokratie zu tun? Welche Wertvorstellungen liegen unserer Demokratie zugrunde? Und wo finde ich diese Werte in meinem Engagement wieder? Was verstehe ich unter Zivilgesellschaft? Was ist meine Rolle und Aufgabe als Bürger/in? Was sind meine Grenzen und Möglichkeiten? Welche Möglichkeiten der demokratischen Partizipation habe ich?
- *Reflexion über das persönliche Erleben.* Hier können anhand von ganz unterschiedlichen Reflexionsmethoden beispielsweise folgende Fragen behandelt werden: Was denke ich über die Menschen, mit denen ich in meinem Engagement zu tun habe? Welche Rolle spielen z. B. alte Menschen in unserer Gesellschaft? Wer sind in unserer Gesellschaft soziale Randgruppen? Warum gibt es diese? Warum gibt es Altenheime, Suppenküchen oder Obdachlosenheime? Und in einem zweiten Schritt: Was dachte ich vor meinem Engagement über diese Menschen? Was hatte ich für Vorannahmen? Was denke ich jetzt? Warum?

Im Reflexionsprozess erhalten die Schüler/innen die Chance, über ihre Erfahrungen nachzudenken, Einstellungen zu *über*denken und Wertvorstellungen zu entwickeln. Das Nachdenken über Themen wie demokratische Werte, Zivilgesellschaft und die Hintergründe von gesellschaftlichen und sozialen Problemen und auch der Bezug zum eigenen Leben und Handeln ist ein bewusstes Lernziel der Lehr- und Lernform Service-Learning und wird durch die begleitenden Reflexionsprozesse gefördert. Der Austausch zu demokratischen Wertvorstellungen, auf denen unsere Gesellschaft fußt, ist für das Demokratie-Lernen durch Service-Learning essenziell. Denn Engagement per se muss nicht demokratisch motiviert sein. Auch extremistische Gruppen nutzen soziales Engagement in ihren Gemeinden, um Kinder und Jugendliche für ihre Weltsicht zu gewinnen. Zu den Strategien rechtsextremer Gruppierungen gehören so zum Beispiel häufig Jugendarbeit und die Teilnahme an kommunalen Strukturen, es wird eine stärkere Präsenz in Schulen und in der Bürgergesellschaft angestrebt (Borstel 2010). Britta Schellenberg stellt als Konsequenz daraus fest, dass das Fundament demokratischer Programme wertbezogene Grundlagen wie Demokratie und Toleranz sein müssen und der Werterahmen klar definiert werden muss (Schellenberg 2010).

Werte lassen sich nicht abstrakt vermitteln. Schüler/innen müssen konkrete Erfahrungen machen, die zum Nachdenken über Wertvorstellungen anregen. *Service-Learning* bietet durch das Engagement in häufig ungewohnten Lebenskontexten Anlässe für solche Denkanstöße. Die Erfahrungen der Schüler/innen im Engagement müssen aber durch angeleitete Reflexion bewusst für das Nachdenken über demokratische Werte, Einstellungen und Verhaltensweisen genutzt werden.

Welche Fragen gestellt werden, und wie tiefgründig die Reflexion über das Erlebte sein kann, hängt natürlich vom Alter und Entwicklungsstand der Schüler/innen ab. Nicht alle Schüler/innen können die hier formulierten Fragen so beantworten – oft sind kleinere Zwischenschritte notwendig, um Antworten zu bekommen und die Schüler/innen zum Nachdenken anzuregen. Auch der Bezug zur eigenen Lebensrealität kann die Reflexion anregen: Was hat denn unser Engagement damit zu tun, dass in der Nachbarschaft gegen ein neues Asylbewerberheim protestiert wird?

5.5 Die Schüler/innen bauen Brücken in ihr Umfeld: Das praktische Engagement der Schüler/innen findet außerhalb der Schule statt, die Schüler/innen arbeiten mit einem Engagementpartner zusammen

Für die Schülerinnen und Schüler bietet das Engagement außerhalb der Schule ein neues Lernfeld. Sie erhalten die Möglichkeit, Situationen zu meistern, in die sie der „normale" Schulalltag nicht bringen würde. Und sie kommen mit Menschen in Kontakt, die sie sonst womöglich niemals treffen würden. Im obigen Beispiel lernen die Schüler/innen den Alltag in einem Seniorenstift kennen. Sie gehen Beziehungen zu den alten Menschen ein und sind berührt von ihren Lebensgeschichten. Als Folgeprojekt initiieren sie ein Generationentreff. Durch solche intensiven Begegnungen können neue Brücken innerhalb der Gesellschaft entstehen. Robert Putnam spricht in solchen Fällen von „bridging". Damit meint er die Verbindungen zwischen *unterschiedlichen* gesellschaftlichen Gruppen. In Ergänzung zu „bonding", das Verbindungen innerhalb einer sozialen Gruppe meint, ist das „bridging" nach Putnam entscheidend für die Entstehung von Sozialkapital in einer Gesellschaft (Putnam 1995; vgl. auch Morgan und Streb 1999).

5.6 Die Schüler/innen erhalten Anerkennung: Das Engagement der Schüler/innen wird gewürdigt

Die Anerkennung der Leistung der Schüler/innen ist ein wichtiger Punkt zur Unterstützung ihrer Selbstwirksamkeit. Sowohl der Engagementpartner, als auch die Lehrkraft und die Eltern sollten das Engagement der Schüler/innen anerkennen und z. B. mit einer Abschlussveranstaltung und einem Zertifikat würdigen. Auf diese Weise lernen die Schüler/innen, dass ihr Handeln einen Unterschied macht und die Beteiligten und die Gesellschaft diesen Unterschied erkennen und schätzen.[1]

---

[1] Für den amerikanischen Raum gibt es weitere Qualitätsstandards, die für Service-Learning gelten. Dazu gehören Zeit und Dauer des Engagements, Elterneinbindung, Projekt-Lernen und weitere (Vgl. auch Quality Components and Standards bei National Service-Learning Clearinghouse unter www.servicelearning.org [Stand 22.11.2013]).

6 Fazit: Schule als Ort des Demokratie-Lernens, Schüler/innen als Gestalter von Demokratie

Die bisherigen Ausführungen zeigen: Schulische Engagement-Projekte bieten die Chance, Kinder und Jugendliche an gesellschaftliche Teilhabe heran zu führen und bei ihnen Demokratiekompetenz auszubilden. Voraussetzung dafür ist eine qualitätsvolle pädagogische Begleitung des Schüler-Engagements durch die Lehrkräfte.

Engagementförderung am Lernort Schule rückt aber noch aus einem weiteren Grund in den Fokus. Studien zum bürgerschaftlichen Engagement zeigen: Kinder und Jugendliche von heute engagieren sich, die Zahlen sind vielerorts im Zeitverlauf sogar leicht steigend. Wie so oft aber lohnt der Blick ins Detail: Die Zahl engagierter Jugendlicher aus Hauptschulen liegt deutlich unter der Zahl der Gymnasiast/innen, die in ihrer Freizeit ehrenamtlich tätig sind. Auch sind es überwiegend Mädchen, die sich engagieren (vgl. Christoph und Reinders 2011 u. a.). Längst gibt es in der öffentlichen Debatte und in den Bemühungen politischer Akteure deshalb Bestrebungen, allen Kindern und Jugendlichen gesellschaftliche Partizipationsmöglichkeiten zu eröffnen, vor allem jenen aus benachteiligten Lebenslagen (vgl. BMFSFJ 2010; Seifert 2011). Dieses Bestreben führt unweigerlich in die Schule. Als einzige Institution, die *alle* Heranwachsenden im Laufe ihrer Entwicklung besuchen, scheint es geradezu zwingend, das Potenzial zum Demokratie-Lernen hier voll auszuschöpfen. Schule wird sich in Zukunft stärker um die Entwicklung demokratischer, sozialer und wertorientierter Kompetenzen kümmern müssen, so prognostizierte es der Bildungsforscher Heinz Schirp vor einigen Jahren (vgl. Schirp 2004). Die Lehr- und Lernmethode Service-Learning – *Lernen durch Engagement* setzt an diesem Punkt an.

Die Erfahrungen mit Service-Learning in Deutschland sind ermutigend, die vielfältigen Praxisbeispiele aus dem Netzwerk *Lernen durch Engagement* inspirierend (vgl. www.servicelearning.de). Sie zeigen jedoch auch: Schulen, die sich auf das Wagnis einlassen, durch Service-Learning ihren Unterricht zu verändern und dadurch das Demokratie-Lernen zum integralen Bestandteil ihrer Schulkultur zu machen, brauchen ihrerseits das Engagement von Politik und Zivilgesellschaft.

Sie brauchen (politische) Unterstützung, Anerkennung und zeitliche Spielräume, um sich auf diesen, für viele neuen, Weg der (demokratie-)pädagogischen Arbeit einzulassen. Und sie brauchen die Möglichkeit zu Unterstützung, Fortbildung und Austausch unter Gleichgesinnten.

Demokratie als Lebensform kann im schulischen Kontext nur dann gelernt werden, wenn deren Grundsätze auch in der Schule und im Unterricht gelebt werden. Wenn dieses Potenzial erkannt und, wie bei Service-Learning, mit Leben gefüllt wird, werden die Jugendlichen von heute die demokratischen Gestalter unserer Zukunft von morgen.

Literatur

Billig, Shelly H. 2007. Unpacking what works in service-learning: Promising research-based practices to improve student outcomes. In *Growing to greatness 2007: The state of service-learning*, Hrsg. James C. Kielsmeier, Marybeth Neal und Nate Schultz. Saint Paul: National Youth Leadership Council (NYLC).

Billig, Shelly H., Susan Root, und Daniel Jesse. 2005. *The impact of participation in service-learning on high school students' civic engagement*. Denver: RMC Research Corporation. http://www.civicyouth.org/PopUps/WorkingPapers/WP33Billig.pdf. Zugegriffen: 2. Sep. 2010.

Borstel, Dierk. 2010. Der immergleiche braune Sumpf? Neuere Entwicklungen der rechtsextremen Szene. In *Strategien gegen Rechtsextremismus*, Hrsg. Jan Philipp Albrecht. Berlin: Grünen/Europäische Freie Allianz im Europäischen Parlament.

Christoph, Gabriela, und Heinz Reinders. 2011. *Jugend. Engagement. Politische Sozialisation. Deskriptive Befunde der ersten Erhebungswelle 2010*. Schriftenreihe Empirische Bildungsforschung, Bd. 19. Wulrzburg: Universität Wulrzburg.

Dahl, Robert Allen. 1998. *On democracy*. News Haven: Yale University Press.

Dewey, John. 1916/2000. *Demokratie und Erziehung*. 3rd ed. Weinheim: Beltz Verlag.

Edelstein, Wolfgang, und Peter Fauser. 2001. *Demokratie lernen und leben. Gutachten zum Programm*. Heft 96. Bonn: Bund-Länder-Kommission für Bildungsplanung und Forschungsförderung.

Furco, Andrew. 2002. Is service-learning really better than community service? A study of high school service program outcomes. In *Service-learning: The essence of the pedagogy*, Hrsg. Andrew Furco und Shelly Billig. Greenwich: Information Age Publishing.

Himmelmann, Gerhard. 2005. Was ist Demokratiekompetenz? Ein Vergleich von Kompetenzmodellen unter Berücksichtigung internationaler Ansätze. Beiträge zur Demokratiepädagogik. Eine Schriftenreihe des BLK-Programms „Demokratie lernen & leben". Berlin.

Kaase, Max. 1998. Demokratisches System und die Mediatisierung von Politik. In *Politikvermittlung und Demokratie in der Mediengesellschaft*, Hrsg. Ulrich Sarcinelli. Bonn: Bundeszentrale für politische Bildung.

Melchior, Alan, und Lawrence N. Bailis. 2002. Impact of service-learning on civic attitudes and behaviors of middle and high school youth: Findings from three national evaluations. In *Service-learning: The essence of the pedagogy*, Hrsg. Andrew Furco und Shelley H. Billig. Greenwich: Information Age Publishing.

Metz, Edward, Jeffrey McLellan, und James Youniss. 2003. Types of voluntary service and adolescents' civic development. *Journal of Adolescent Research* 18 (2): 188–203.

Morgan, William, und Matthew Streb. 1999. *How quality service-learning develops civic values*. Bloomington: Indiana University.

Morgan, William, und Matthew Streb. 2001. Building citizenship: How student voice in service-learning develops civic values. *Social Science Quarterly* 82 (1): 154–169.

Nationale Engagementstrategie der Bundesregierung. 2010. www.forum-engagement-partizipation.de. Zugegriffen: 3. Sep. 2013.

Putnam, Robert D. 1995. Bowling alone: America's declining social capital. *Journal of Democracy* 6 (1): 65–78.

Reinders, Heinz. 2009. *Bildung und freiwilliges Engagement im Jugendalter. Expertise für die Bertelsmann-Stiftung. Schriftenreihe Empirische Bildungsforschung*, Bd. 10. Würzburg: Universität Würzburg.

RMC Research Corporation. 2007. Impacts of service-learning on participating K-12 students. http://www.servicelearning.org/filemanager/download/S-L_Impacts_K-12_Fact_Sheet.pdf. Zugegriffen: 2. Sep. 2010.

Schellenberg, Britta. 2010. Rechtsextremismus, soziale Frage und soziales Engagement – Wie können Politik und Bürger Rechtsextremen entgegentreten? In *Strategien gegen Rechtsextremismus*, Hrsg. Jan Philipp Albrecht. Berlin: Grünen/Europäische Freie Allianz im Europäischen Parlament.

Schirp, Heinz. 2004. Werteerziehung und Schulentwicklung. Konzeptuelle und organisatorische Ansätze zur Entwicklung einer demokratischen und sozialen Lernkultur. In *Beiträge zur Demokratiepädagogik. Eine Schriftenreihe des BLK-Programm „Demokratie lernen und leben"*, Hrsg. Wolfgang Edelstein und Peter Fauser. Berlin.

Seifert, Anne. 2011. *Resilienzförderung an der Schule. Eine Studie zu Service-Learning mit Schülern aus Risikolagen*. Wiesbaden: VS Verlag.

Seifert, Anne, und Sandra Zentner. 2010. *Service-Learning – Lernen durch Engagement. Methode, Qualität und ausgewählte Schwerpunkte. Eine Publikation des Netzwerks Lernen durch Engagement*. Weinheim: Freudenberg Stiftung.

Seifert, Anne, Sandra Zentner, und Franziska Nagy. 2012. *Praxisbuch Service-Learning. Lernen durch Engagement an Schulen*. Weinheim: Beltz.

Yates, Miranda, und James Youniss. 1996. Community service and political-moral identity in adolescents. *Journal of Research on Adolescence* 6 (3): 271–284.

Yates, Miranda, und James Youniss. 1997. *Community service and social responsibility in youth*. Chicago: The University of Chicago Press.

Zentner, Sandra. in Vorbereitung. Wirkung von Service-Learning auf Schülerinnen und Schüler (Arbeitstitel). Dissertation, Universität Potsdam, Fachbereich Pädagogische Psychologie.

GPSR Compliance
The European Union's (EU) General Product Safety Regulation (GPSR) is a set of rules that requires consumer products to be safe and our obligations to ensure this.

If you have any concerns about our products, you can contact us on

ProductSafety@springernature.com

In case Publisher is established outside the EU, the EU authorized representative is:

Springer Nature Customer Service Center GmbH
Europaplatz 3
69115 Heidelberg, Germany

www.ingramcontent.com/pod-product-compliance
Ingram Content Group UK Ltd.
Pitfield, Milton Keynes, MK11 3LW, UK
UKHW021259180426
11947UKWH00015B/922